CON GRIN SU CONOCIMIL VALEN MAS

Daniel Luna

Implementación y Adaptación de Módulos de Oscommerce en la Creación de una Tienda Virtual

GRIN Publishing

Bibliographic information published by the German National Library:

The German National Library lists this publication in the National Bibliography; detailed bibliographic data are available on the Internet at http://dnb.dnb.de .

Imprint:

Copyright © 2014 GRIN Verlag GmbH
Print and binding: Books on Demand GmbH, Norderstedt Germany
ISBN: 978-3-656-94428-7

This book at GRIN:

http://www.grin.com/es/e-book/296145/implementacion-y-adaptacion-de-modulos-de-oscommerce-en-la-creacion-de

GRIN - Your knowledge has value

Since its foundation in 1998, GRIN has specialized in publishing academic texts by students, college teachers and other academics as e-book and printed book. The website www.grin.com is an ideal platform for presenting term papers, final papers, scientific essays, dissertations and specialist books.

Visit us on the internet:

http://www.grin.com/

http://www.facebook.com/grincom

http://www.twitter.com/grin_com

UNIVERSIDAD
INTERAMERICANA
PARA EL DESARROLLO

CON ESTUDIOS RECONOCIDOS ANTE LA SECRETARÍA DE EDUCACIÓN

PÚBLICA (SEP), SEGÚN ACUERDO No. 20100714

IMPLEMENTACIÓN Y ADAPTACIÓN DE MÓDULOS DE OSCOMMERCE EN LA CREACIÓN DE UNA TIENDA VIRTUAL

CASO INTEGRADOR PARA OBTENER EL GRADO DE

MAESTRÍA EN TECNOLOGÍAS DE LA INFORMACIÓN

PRESENTA:

DANIEL LUNA ROBLES

Tuxpan de Rodríguez Cano, Veracruz   Julio del 2014

Dedicatorias

Dedico este trabajo a mi esposa Veronica y mi hija Vanessa que son la luz en mi vida. Ya que son mi mayor motivación para poder superar mis metas. Y me han hecho creer que nada es imposible si uno se esfuerza por conseguirlo.

Agradecimientos

Agradezco a Dios por haber estado conmigo a lo largo de mis estudios y haberme permitido terminarlos a pesar de las dificultades que he vivido. También le agradezco a dios por haber puesto a aquellas personas que han sido mi soporte y compañía durante todo el tiempo que duraron estos estudios.

Doy gracias a mi familia por creer en mí y haber estado conmigo en todo momento dando me fuerza en los momentos de dificultad para salir adelante cuando más lo necesitaba.

Agradezco a mis maestros por haberme impulsado clase a clase a superarme y hacerme creer que podía lograr más de mí.

Por ultimo agradezco a mis amigos que demostraron ser más que compañeros de generación al apoyarme y motivarme académicamente para superar este reto.

Resumen

La presente propuesta plantea una solución hacia una Mircroempresa llamada Zona Luna la cual se ubica en la ciudad de Poza Rica, Veracruz, la cual tiene necesidades de crecimiento. Esta propuesta se basa en la implementación de tecnologías de información de bajo costo para el desarrollo potencial de la misma. La solución propuesta radica creación de una tienda virtual, adaptada a la medida de las necesidades de la empresa. Se plantea esta propuesta basado en el estudio y la aplicación de metodologías, con la finalidad de satisfacer la necesidad de la empresa.

Abstract

This proposal suggests a solution to a small business call Zona Luna which is located in the city of Poza Rica, Veracruz, which has growing needs. This proposal is based on the implementation of low cost information technology for the potential development of the same. The proposed solution lies in creating an online store, tailored to suit the needs of the company. This proposal based on the study and application of methodologies, in order to meet the business need

Índice

Lista de Figuras

Introducción

Con el surgimiento de las tecnologías de información, las empresas han sufrido una revolución en cuanto a la manera en que estas administran sus recursos.

En México la mayor parte de las empresas pequeñas o informales no le interesa invertir en tecnologías de información debido al poco interés que se tiene en el desarrollo de la empresa, la comodidad en la que ha caído el negocio y el desconocer las ventajas comerciales que presentan las tecnologías de información en el desarrollo de la misma.

Poco a poco las tecnologías de información en la empresa se han convertido en herramienta administrativa de mucho valor, ya que le proporcionan una ventaja comercial y administrativa sobre sus competidores.

"La competitividad de una nación depende de la capacidad de su industria para innovar y mejorar" (Porter, 2007).

Así mismo el comercio electrónico está jugando un papel muy importante para el crecimiento de las empresas, ya que en la actualidad no basta con vender a nivel regional, todo tiende a la globalización. Las competencias son cada vez mayores y la posibilidad que nos brinda el comercio electrónico se puede traducir en el ahorro de miles de pesos al momento de comprar suministros y mercancía y a su vez en ganancias al momento de incrementar el volumen de ventas que una empresa puede tener.

En la actualidad y con los avances tecnológicos, cada día tenemos más herramientas que nos facilitan el uso y diseño de portales web. Esto se puede traducir en mejores portales web para las empresas y que pueden ser administrados por personal con conocimientos básicos de computación y no expertos como se necesitaba antes.

Existe una gran variedad de manejadores de contenido web para la creación de tiendas virtuales.

Capítulo 1.- Presentación del problema

1.1 Planteamiento del Problema

En México el porcentaje de microempresas que utilizan tecnologías de información y comunicación en su empresa, no rebasa el 10% según datos del INEGI. A medida que una empresa crece las necesidades de TIC's crecen haciéndose fundamentales en el desarrollo y competencia de la misma. De no incorporar tecnologías información la empresa está destinada al fracaso por la gran ventaja que les da a sus competidores. (INEGI, 2004)

Además de la falta de competitividad la pobre adopción de recursos tecnológicos se traduce en el aumento de precio en los bienes o servicios que ofrece la Pyme o en la reducción del número de empleados, lo que afecta también al consumidor (Moreno, 2010)

En el momento en que una microempresa incorpora tecnologías de información en las explota desarrolla o adecua al mercado en el que compite, tiende a tener un crecimiento exponencial en su actividad económica.

En promedio, 56% de las empresas mexicanas está conectada a la red, debido a que sus trabajadores tienen acceso a Internet para realizar sus tareas cotidianas y mejorar su eficiencia (Notimex, 2014)

En la actualidad el crecimiento del comercio electrónico es un hecho innegable e irreversible. No solo es así si no que, según se prevé, continuara creciendo en los próximos años generando grandes ingresos a través de la red y ejerciendo su impacto sobre las actividades económicas y sobre el marco social dentro del cual estas tienen lugar. (Gariboldi, 2000)

Un negocio debe de tener presencia en internet por que aumenta de manera considerable el número de clientes potenciales que puede tener y da a conocer la información importante de la empresa para el cliente, como lo son los artículos que vende, precios, promociones y descuentos.

En la actualidad un negocio no debe de limitarse a un horario. Un comercio ideal debe poder satisfacer las necesidades de todos los clientes, es decir, debe de estar disponible cuando el cliente necesite comprar. Existen clientes potenciales que no pueden darse el tiempo de asistir al local directamente en los horarios establecidos y prefieren recibir sus compras directamente en la puerta de su hogar.

La microempresa de nombre "Zona luna" del ramo comercial que se dedica a la venta de accesorios tecnológicos está muy limitada en cuanto al mercado que actualmente tiene y quiere expandir su negocio a todo el país, a través de una tienda en línea, sin tener que abrir más sucursales por el momento.

Empresas del mismo giro en la localidad tienen más presencia en el mercado local e incorporan mejores medios de publicidad, además de encontrarse ubicadas dentro de las principales plazas comerciales de la región, haciendo de la competencia contra ellas un caso perdido debido al inmenso volumen de artículos que ellas manejan. Cabe señalar que a pesar de que estas empresas manejan precios exagerados hacia sus artículos la empresa Zona Luna no les puede competir debido a la poca presencia en el mercado y a su poca reputación, ya que aunque estas empresas manejan un precio excesivo en sus artículos a comparación de los manejados por la empresa Zona Luna, el cliente los tiene en mejor concepto por el prestigio que les da el hecho de estar instalados en buenas ubicaciones y manejar mayor volumen de artículos.

A demás la empresa no es muy conocida y requiere darse a conocer a los múltiples clientes potenciales que podría tener. Dar a conocer información importante como su visión y sus ubicaciones físicas, de tal modo que genere una confianza al usuario al momento de realizar sus compras.

Así también pretende promover las ventas en todo el país para aumentar el volumen de inventario y hacer crecer a la empresa.

A pesar de que la empresa maneja buenos precios en sus productos y en ocasiones promociones y descuentos en algunos, no puede hacer llegar a todos los clientes esta información. El cliente necesita un medio de comunicación con la empresa, como lo es el correo electrónico. El tener comunicación a través del correo electrónico le proporciona al cliente un medio de información acerca de las promociones y descuentos que la empresa ofrece sin tener que presentarse en el negocio físicamente. Esto beneficia a la empresa ya que los clientes en ocasiones compran los productos en otros negocios más conocidos que suelen informar al cliente de mejor forma.

Un hecho a destacar es que la empresa no cuenta con suficientes recurso para invertir en publicidad local, como lo es la radio y los periódicos locales, ya que esta publicidad resulta un poco costosa para lo que la empresa puede pagar, a diferencia de sus competidores que se pueden dar ese lujo ya que invirtieron más en la creación de su negocio.

Esto se creería que es una ventaja a favor de la competencia, sin embargo gracias a las tecnologías de información no lo será del todo ya que estas brindan un sinfín de posibilidades a las empresas en cuanto a publicidad en algunos casos más efectiva. Esta es una de las razones por que se plantea esta propuesta.

Una empresa con necesidades y poco capital desea incrementar sus ventas y tener mayor presencia en el mercado para así poder competir contra los negocios rivales no solo de la zona, si no del país sin tener que invertir mucho en una propuesta de solución.

1.2 Pregunta de Investigación

- ¿La plataforma Oscommerce permitirá satisfacer las necesidades de la empresa?
- ¿Oscommerce podrá satisfacer las necesidades del portal de zona luna?

1.3 Objetivos

Para lograrlo solucionar nuestra problemática requerimos un objetivo general el cual alcanzaremos a través de objetivos específicos como se muestra a continuación.

1.3.1 Objetivo General

Implementar una solución de comercio electrónico para una microempresa del sector comercial.

1.3.2 Objetivo Específico

- Analizar las necesidades del proyecto de mercadotecnia
- Obtener dominio y hosting web.
- Crear una página web basada en la plataforma Oscommerce.
- Adaptar los módulos de la página, mediante la edición en lenguaje HTML y php

1.4 Justificación

La presente propuesta surge por la necesidad de impulsar el desarrollo de una microempresa y así mismo mostrar los beneficios que conlleva el incorporar algún tipo de tecnología de información en este sector.

De la misma manera se pretende crear una ventana para la presentación de los productos de la microempresa y que esta pueda competir a en un mercado no solo local, sino a un nivel nacional o global.

Además esta propuesta daría a conocer al cliente más información sobre la empresa de una manera rápida y sencilla. Haciéndola ganar confianza en el mercado y aumentando sus ventas. Un cliente confía más en una tienda que muestra toda su información, como datos de contacto y dirección del local, que en una que no muestra sus datos claros.

De la misma manera informa al cliente las políticas con las que cuenta la empresa, es decir si va a comprar algún producto sabe de las garantías con las que cuenta este producto y los tiempos que tiene para hacer valer este derecho.

Aunado a esto podemos destacar que esta propuesta tendría como ventaja que el vendedor puede describir de una manera clara y detallada los productos ya que un cliente no siempre compra en el lugar más barato, si no donde se le asesora mejor. Como en la presente propuesta, que integra la interacción vía correo con el cliente, además de permitir a los compradores leer comentarios hechos por anteriores compradores de la tienda.

La necesidad creciente que tiene una microempresa de poder expandir su negocio para poder competir con otras empresas del sector comercial de la localidad, así como de incrementar el número de clientes potenciales a los que puede llegar, son factores que inciden en la creación de esta propuesta, además del de una búsqueda de generar confianza al cliente para que este pueda realizar compras desde cualquier parte del país.

Aunado a todo esto esta propuesta busca satisfacer otras necesidades que tiene el área comercial de la empresa como son un medio para publicitar sus productos, ya que en el mercado actual no se pueden dar ventajas competitivas de ninguna forma a los rivales comerciales, ya que pueden terminar por arruinar al negocio.

Las tecnologías de información son en la actualidad una gran herramienta administrativa como comercial para cualquier empresa. Y son una forma de expandir un negocio de una manera eficaz sin tener que invertir tanto, ya que en la actualidad existen muchas herramientas que nos facilitan la utilización de estas tecnologías.

Por otra parte el uso de oscommerce para el desarrollo de esta propuesta es ideal debido a que esta plataforma nos proporciona la integración por módulos, lo cual facilita la edición específica de las partes de la página web que necesitemos y es compatible con el lenguaje php, el cual es un lenguaje muy ligero para aplicaciones web.

Oscommerce permite una fácil incorporación de catálogos así como comentarios de los clientes en los productos para que el administrador y otros clientes puedan tener más información de los productos directamente del consumidor.

Permite administrar cuentas de correo y asociarlas con un correo personal a su vez permite notificaciones por este medio haciendo más práctico el proceso de ventas y de información para el cliente y para la empresa.

Con esta propuesta y con el uso de esta plataforma, se podrá tener una estadística completa de los productos que más se venden en el portal, lo cual hará más fácil el manejo de los mismos.

Esta solución también surge por la necesidad de estar comunicado con los clientes las 24 horas del día de una manera sencilla, dando a conocer el correo electrónico de la empresa.

Capítulo 2.-   Marco Referencial

2.1 Contextual

El comercio electrónico en México en los últimos años ha venido en crecimiento según datos de la Asociación Mexicana de Internet. El monto de ventas de 2011 a 2012 ha crecido un 57% y de 2012 al 2013 otro 42%. (Juárez, 2013).

En la actualidad existen varios gestores de tiendas virtuales como lo son Oscommerce, Prestashop, magento entre otros, siendo estos los más destacados estos tres según un estudio realizado por el sitio web 4webs.es (Risueño, 2013).

La microempresa Zona Luna, es negocio del giro comercial dedicada a la venta de accesorios y refacciones de telefonía celular, como lo son fundas, cargadores, lcds, cristales, entre otros. Se encuentra ubicada en la ciudad de Poza Rica, Veracruz.

Surge en octubre del 2014, con la finalidad de comerciar productos entre amistades y conocidos, pero poco a poco se fue consolidando y dejando mejores ganancias. Debido a la poca demanda se llegó a un punto en el que quiere extender su negocio ya que su mercado es muy reducido.

Originalmente la empresa contaba con solo 4 personas y paulatinamente se han incorporado más miembros al equipo. Actualmente la empresa ha crecido y se conforma de 8 personas con roles definidos de la siguiente forma: un gerente general, que lleva el control del negocio y se encarga de hacer los tratos y pedidos con los proveedores; dos de inventarios, que se encargan de administrar y llevar un control de los productos en existencia; una persona de mercadotecnia encargadas de publicitar la mercancía en medios locales y cuatro de ventas que son los que realizan las ventas en campo y trabajan por comisión; esto de manera general.

2.2 Antecedentes

Este tipo de implementación se ha manejado con anterioridad en diversas empresas, como lo es lo expuesto en la tesis del autor Jose Manuel Rigau Pagés (Pagés, 2005) en su proyecto titulado "Creación del comercio electrónico para la empresa Donegear.com", en el cual describe como implementa un sitio de comercio online para una empresa de reciente surgimiento llamada Donegear, la cual se dedica a la venta de productos textiles de la marca del mismo nombre, como los son camisetas, pantalones, gorras etc. Este proyecto se remite únicamente a la logística de la implementación de la tienda virtual.

Se basa en la creación de un sitio web programado solo en HTML sin la utilización de un gestor de contenido por lo que el resultado del sitio resulta un poco simple.

El comercio electrónico como caso de éxito en Pymes y Mypymes ha existido en múltiples ocasiones desde la aparición del internet, como lo muestra el autor, en su libro llamado "La Pyme y el comercio electrónico" (Jaro, 2009). Donde nos muestra 20 casos de éxito de Pymes españolas que se integraron al comercio electrónico, con grandes ideas comerciales.

2.3 Fundamento Teórico

Para tener una idea más clara de lo que se busca en esta investigación, describiremos algunos conceptos básicos de los temas relevantes.

2.3.1 Comercio electrónico

El comercio electrónico se puede definir como la compra-venta de productos y servicios a través de sistemas electrónicos principalmente internet (adigital, 2011).

La Organización para la cooperación y el desarrollo económico la define en sus estudios como "el proceso de compra, venta o intercambio de bienes, servicios e información a través de las redes de comunicación" (OCDE O. p., 2013)

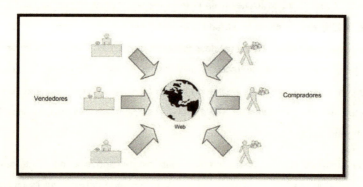

Fig. 1.- Concepto de mercado electrónico.

Fuente: Balado, Eloy Seoane, La Nueva Era del comercio, 2005.

Hablando más específicamente se puede decir que son herramientas electrónicas que utilizan los comercios para publicitar y vender productos y/o servicios, sin importar donde se realice la transacción del pago final.

Este tipo de herramientas han venido creciendo y mejorando en los últimos años, y se han vuelto fundamentales para el crecimiento y competencia de muchas empresas.

2.3.1.1 Categorías del comercio electrónico

Existen 7 tipos de categorías de comercio electrónico, según el papel que empresas, consumidores y administradores juegan en la transacción:

- B2B (Business to Business)
- B2C (Business to Consumer)
- C2C (Consumer to Consumer)
- C2B (Consumer to Business)
- A2B (Administration to Business)
- B2A (Business to Administration)
- A2C (Administration to Consumer)

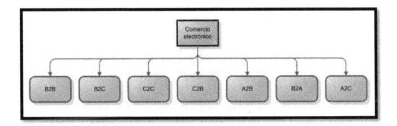

Fig. 2.- Categorías del Comercio Electrónico.
Fuente: Bushry, Mamta, e-commerce, 2005.

De estas categorías podemos señalar que las primeras cuatro son las más comunes y más usadas en comercio electrónico.

En lo que se refiere a la empresa, esta maneja solo las categorías B2B y B2C de las cuales hablaremos a continuación.

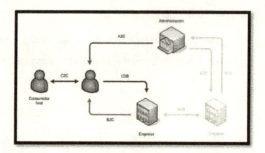

Fig. 3.- Relación de los tipos de comercio electrónico. Fuente: Balado, Eloy Seoane, La Nueva Era
Del Comercio: comercio electrónico, 2005.

2.3.1.2 B2B

Como su nombre lo indica se refiere al comercio electrónico entre empresas. El modelo B2B, de gran proyección entre las grandes empresas en los últimos años, supone que las transacciones comerciales que se realizan en la Red van dirigidas desde un grupo empresarial o corporación a otras empresas distribuidoras de productos, que a su vez venderán al consumidor final o bien a clientes consumidores a gran escala. (Vallína, 2014)

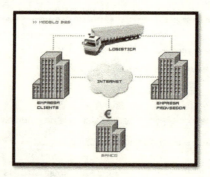

Fig. 4.- Modelo B2B.

Fuente http://www.cecarm.com/, 7 de julio del 2014

Es decir esta categoría se refiere a las empresas del tipo mayoristas que surten a otros negocios para que estos a su vez revendan el producto al cliente final. Este tipo de negocio es de los más populares en la actualidad y es una herramienta para el desarrollo de cualquier empresa pequeña ya que esta puede aprovechar buenos precios en otra región para poder sacar un mejor margen de ganancias en sus ventas.

El objetivo de la empresa B2B es enfocarse más en la reducción de los costos de transacción dentro y entre los negocios. De esta forma el termino B2B se refiere a transacciones entre negocios que se llevan a cabo en internet (Paul G. Keat, 2004).

Las ventajas que ofrece este modelo de negocio se basan principalmente en la gran rapidez en las transacciones, pedidos, entregas, etc.

La visión de la empresa es también surtir de mercancía a otros negocios para que estos vendan al consumidor final, por lo cual este tipo de comercio electrónico se adapta a las necesidades de la empresa.

2.3.1.3 B2C

B2C es la abreviatura de Business to Consumer (del negocio al consumidor), se refiere a la estrategia que desarrollan las empresas comerciales para llegar directamente al cliente o usuario final. (Angoar, 2008)

El B2C trata la venta de los productos y/o servicios de la empresa a consumidores de a pie (no empresariales). Este tipo de e-Business mejora el servicio prestado a los clientes y genera oportunidades para elevar ventas e ingresos. (Confederacion de empresarios de Andalucía, 2012)

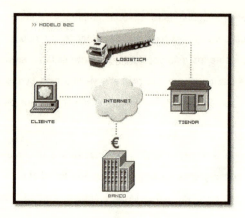

Fig. 5.-Modelo B2C

Fuente http://www.cecarm.com/, 7 de julio del 2014

Esta categoría de comercio electrónico es el más frecuente ya que es la forma de enlazar la empresa y el cliente a traves de la web. Existen muchos ejemplos de este tipo de comercios como lo es amazon.com, ya que vende productos a través de su página directo al cliente o comprador final.

Muchos establecimientos suelen tener tiendas en línea además de las físicas. Ejemplo concreto de estos casos aquí en México son las páginas de Liverpool.com y walmart.com donde el usuario puede adquirir de manera sencilla artículos a través de su portal web, que le serán entregados directamente en la puerta de su casa.

Esta categoría es una más que en la que la compañía se encuentra ya que pretende vender también, directamente al comprador final.

2.3.1.4 C2C

Esta categoría de comercio electrónico comprende los consumidores que venden directamente a otros consumidores (Kenneth C. Laudon, 2004). Es decir, comercio entre consumidores finales donde unos actúan como vendedores y otros como compradores. Como un ejemplo típico encontramos las subastas por eBay o MercadoLibre.

Fig. 6.- Mercado Libre, ejemplo de C2C.

Fuente www.mercadolibre.com, 8 de julio del 2014

2.3.1.5 C2B

Se trata de una compraventa en línea en la que los consumidores buscan empresas que venden, se enteran de sus ofertas e inician compras, incluso a veces al establecer los términos de la transacción. (Philip Kotler, 2003)

Es decir aquí el cliente puede tener la opción de ofertarle a la empresa por algún producto o servicio y dejarlo a decisión de la misma si toma la oferta del cliente o no. Un ejemplo de ello es la página Priceline.com donde los prospectos a cliente pueden ofertar por boletos de avión, cuartos de hotel, alquileres de automóvil entre otros.

Fig. 7.-Ejemplo de categoría C2B.

Fuente: www.priceline.com, 8 de julio del 2014

2.3.1.6 A2B

Este tipo de comercio electrónico se refiere al realizado entre la Administración y las empresas. Esta categoría se basa en la presentación de servicios por parte de la Administración a las empresas, como auditorías, certificaciones de calidad o de denominación de origen, promoción exterior, etc.

2.3.1.7 B2A

Se refiere a la categoría Empresa-Administrador, cubre todas las transacciones entre las empresas y los organismos de las Administraciones públicas. Como ejemplos de este tipo de transacciones pueden ser la liquidación de impuestos y la presentación de seguros sociales. (García, 2003)

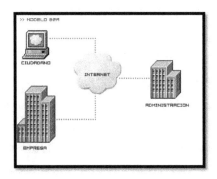

Fig. 8.- Modelo B2A

Fuente http://www.cecarm.com/, 7 de julio del 2014

2.3.1.8 A2C

Es el comercio electrónico entre Administración y consumidores finales. Se trata de un modelo en el que la Administración vende sus productos o servicios al consumidor final. Por ejemplo venta de libros, publicaciones, servicios meteorológicos, etc. (Andrés, 2013)

2.3.1.9 Marco Jurídico Nacional

El ciberconsumidor, (la persona que realiza compras a través de internet) a nivel nacional, está protegido cuando realiza transacciones a través de una tienda virtual. La Ley Federal de Protección al Consumidor (LFPC) contiene disposiciones generales sobre comercio electrónico en su capítulo VIII bis (De los derechos de los consumidores en las transacciones efectuadas a través del uso de medios electrónicos, ópticos o de cualquier otra tecnología). (Profeco, 2014).

Esto hace que las transacciones en internet, en cualquier comercio del país, estén regidas por leyes, lo cual da confianza y garantías al consumidor, ya que en caso de tener algún problema con un sitio este puede recurrir a levantar una denuncia y proteger su compra.

2.3.1.10 Lineamientos Internacionales

Las autoridades encargadas de proteger al consumidor en el ámbito internacional han desarrollado una serie de reglas y lineamientos que buscan proporcionar garantías y protección a los ciberconsumidores a lo largo del mundo de tal manera que protejan las transacciones que estos realicen en comercios de cualquier país.

La Organización para la Cooperación y el Desarrollo Económicos (OCDE) desarrolló, en 1999, las Directrices para la Protección de los Consumidores en el Contexto del Comercio Electrónico. (OCDE O. p., 1999).

Se trata en gran medida de una serie de recomendaciones que busca orientar a los comercios electrónicos para que estos estén bajo el régimen de las leyes de protección al consumidor para así poder garantizar que el ciberconsumidor reciba la protección necesaria en las transacciones de bienes y servicios a través de internet.

2.3.2 Sistema de Gestión de Contenidos (CMS)

Los sistemas de gestión de contenidos (Content Management Systems o CMS) es un software que se utiliza principalmente para facilitar la gestión de webs, ya sea en Internet o en una intranet, y por eso también son conocidos como gestores de contenido web (Web Content Management o WCM). (Cuerda, 2004)

Son herramientas que nos sirven para la edición de contenido web de tal forma que facilitan el trabajo de edición y programación de contenidos para cualquier usuario con pocas nociones de programación, ya que tienen contenido dedicado y suelen manejar múltiples tipos de plantillas propias y en muchos casos realizadas por la comunidad web.

Entre las ventajas de usar un CMS en la creación de nuestra tienda en línea destacamos las siguientes ventajas (Pumar, 2009):

- Fácil adaptación de nuevas funcionalidades web.
- Mantenimiento de gran cantidad de páginas.
- Reutilización de código, objetos y componentes.
- Paginas interactivas.
- Cambios del aspecto del portal.
- Consistencia.
- Control de acceso.

Para comercio electrónico existen diferentes tipos de CMS, para nuestra propuesta utilizaremos Oscommerce online merchant v2.3.

2.3.3 Lenguaje de programación PHP

Antes que nada, definiremos este popular lenguaje de programación. PHP (acrónimo recursivo de PHP: Hypertext Preprocessor) es un lenguaje de código abierto muy popular especialmente adecuado para el desarrollo web y que puede ser incrustado en HTML. (php.net)

El lenguaje de programación PHP es un lenguaje muy simple para usuarios principiantes, pero también ofrece características avanzadas para programadores avanzados.

```
<!DOCTYPE HTML PUBLIC "-//W3C//DTD HTML 4.01 Transitional//EN"
    "http://www.w3.org/TR/html4/loose.dtd">
<html>
    <head>
        <title>Ejemplo</title>
    </head>
    <body>

        <?php
            echo "¡Hola, soy un script de PHP!";
        ?>

    </body>
</html>
```

Fig. 9.- Ejemplo de lenguaje PHP dentro de HTML

Fuente: www.php.net , 3 de julio del 2014

Inicialmente diseñado para realizar poco más que contadores y libros de visita de páginas, en la actualidad PHP permite realiza una multitud de tareas útiles para el desarrollo web. Dispone, entre otras cosas de (Cobo, 2005):

- Funciones de correo electrónico que pueden ser utilizadas para programar completos sistemas de correo electrónico vía web.

- Funciones de administración y gestión de bases de datos específicas para la mayoría de gestores comerciales y funciones para conexiones ODBC con bases de datos en sistemas Microsoft.

- Funciones de gestión de directorios y ficheros, incluso para la transferencia mediante FTP.

- Funciones de tratamiento de imágenes y librerías de funciones gráficas.

- Funciones de generación y lectura de cookies.

- Funciones para la generación de documentos PDF.

El sistema fue desarrollado originalmente en el año 1994 por Rasmus Lerdorf como un CGI escrito en C que permitía la interpretación de un número limitado de comandos. El sistema fue denominado Personal Home Page Tools y adquirió relativo éxito gracias a que otras personas pidieron a Rasmus que les permitiese utilizar sus programas en sus propias páginas. Dada la aceptación del primer PHP y de manera adicional, su creador diseñó un sistema para procesar formularios al que le atribuyó el nombre de FI (Form Interpreter) y el conjunto de estas dos herramientas, sería la primera versión compacta del lenguaje: PHP/FI. (Álvarez, 2001)

Este es el tipo de lenguaje de programación utilizado principalmente por la plataforma Oscommerce y nos permitirá poder editar en los módulos, de una manera sencilla y rápida, para poder adecuar el contenido de nuestra página a lo buscado por la empresa.

Cabe señalar que PHP tiene una correcta adaptación hacia MySql, cosa que nos permitirá adaptar y configurar fácilmente nuestras bases de datos así como hacer respaldos de las mismas.

2.3.4 MySQL

MySQL es el sistema de administración de bases de datos relacionales (RDBMS) de código abierto más extendida del mundo. Esta desarrollada por MySQL AB, una empresa sueca. (Heurtel, 2009)

Es muy utilizada en aplicaciones web como phpBB, en plataformas Linux, Windows, PHP y por herramientas de seguimiento.

En aplicaciones web hay baja concurrencia en la modificación de datos y en cambio el entorno es intensivo en lectura de datos, lo que hace a MySQL ideal para este tipo de aplicaciones. (Fossati, 2014)

Como ya vimos MySQL es un gestor de bases de datos relacionales, el cual es de muy fácil utilización. Contiene una interfaz sencilla y nos ayudara en nuestro proyecto en la administración de la base de datos de nuestra propuesta.

Capítulo 3.-   Metodología

3.1 Lugar

La presente trabajo se propone para una microempresa del sector comercial de la ciudad de Poza Rica, Veracruz.

3.2 Tipo y Diseño de Investigación

Esta investigación es del tipo cualitativa de instrumento una entrevista semiestructurada. Esto debido a que se basa en la adquisición de datos directamente de la fuente, que es la que sugiere la necesidad y plantea los módulos a desarrollar.

Así mismo se utiliza el instrumento llamado entrevista del tipo semiestructurada. Según Sampieri las entrevistas semiestructuradas se basan en una guía de asuntos o preguntas y el entrevistador tiene la libertad de introducir preguntas adicionales para precisar conceptos u obtener mayor información sobre los temas deseados (es decir, no todas las preguntas están predeterminadas) (Sampieri, 2005)

Es decir la entrevista semiestructurada es más flexible que la estructurada ya que permite al entrevistador, a partir de las respuestas que el entrevistado le vaya dando, generar otras preguntas para así poder obtener información más detallada según la necesidad del tema.

3.3 Población

En esta propuesta se está considerando a toda la población ya que son 7 persona que laboran en la empresa, de los cuales 4 son el departamento de ventas, 2 del departamento de mercadotecnia, y el administrador.

Nuestra propuesta surge por el del personal de mercadotecnia de la empresa debido a la necesidad de incrementar las ventas y tener mayor penetración en el mercado.

3.4 Instrumentos y Técnicas empleados y Propuestos

El instrumento para esta investigación es una entrevista realizada al personal de mercadotecnia de la empresa.

La entrevista es la técnica con la cual el investigador pretende obtener información de una forma oral y personalizada. La información versará en torno a acontecimientos vividos y aspectos subjetivos de la persona tales como creencias, actitudes, opiniones o valores en relación con la situación que se está estudiando. (Torrecilla)

La entrevista cualitativa es más íntima y flexible (Nigel King, 2010), es decir este tipo de entrevista busca hacer sentir cómodo al entrevistado para que este pueda responder con mayor flexibilidad y con ello podamos obtener ciertos detalles que no teníamos contemplados.

Las entrevistas se dividen en estructuradas, semiestructuradas o no estructuradas, o abiertas (Yvonne A. Unrau, 2007)

En la entrevista indaga acerca de los aspectos fundamentales de la empresa como lo es la información de la misma, así como el formato requerido por la empresa como lo es el color, el tipo de letra, etc.

Existe una tipología de preguntas propuestas por Grinnell, Williams y Unrau (Richard M. Grinnell, 2009) en las que dividen las preguntas en cuatro tipos de clases como lo son:

- Preguntas generales
- Preguntas para ejemplificar
- Preguntas estructurales
- Preguntas de contraste

Tomando en cuenta esta tipología basamos nuestra investigación en una mezcla de estos cuatro tipos de preguntas para así poder darnos una idea de lo que se busca y poder plantear de mejor forma la propuesta.

Se anexan las preguntas estructuradas hechas a los miembros de la empresa y las cuales al final dieron como respuesta un panorama más amplio de lo que se buscaba.

Como resultado de la entrevista encontramos que:

La empresa requiere un catálogo con imágenes de todos sus productos, que sea de fácil acceso al comprador, con opción a ser publicitado, ya que en la actualidad no se maneja ninguno en el negocio.

De la misma forma requiere tener un control de las ventas que se realicen en esta tienda en línea de una manera controlada y fácil de acceso.

Debido a su poco mercado que maneja y al desconocimiento que se tiene de la empresa, no puede competir con establecimientos más grandes y que manejan mayor volumen de ventas en la región, a pesar de que esta maneja buenos precios y en algunos casos incluso más baratos que los de la competencia.

Así también no se tiene una forma de dar a conocer promociones o descuentos que la microempresa maneja al público general.

Ante la ventaja comercial que da a sus competidores al no incorporar algún tipo de tecnología de información, una microempresa está destinada a desaparecer

Dado que aún se están desarrollando, esta microempresas al igual que la mayoría no puede invertir demasiado en medios de publicidad y tecnologías de información por lo cual es necesaria una solución económica redituable.

3.5 Procedimiento

La propuesta se divide en varias fases como lo son las siguientes:

Fase 1: Recopilación de información. En esta fase se realizan entrevistas con todo el personal de la microempresa. A través de una entrevista semiestructurada se busca recopilar información importante de la empresa así como lo referente al funcionamiento de la misma.

En esta fase también se busca ver los gustos y necesidades que tiene el personal para que puedan ser tomados en cuenta al momento de crear la tienda virtual.

Fase 2: Renta de host y dominio. En esta fase se evalúa el nombre de dominio así como a los servicios de host existentes en el mercado para ver cuál es el más adecuado para nuestras necesidades.

Se propone una renta de host debido a la facilidad y costo que esto conlleva ya que el costo de mantener un servidor local en condiciones adecuadas sería mayor.

Fase 3: Instalación de Oscommerce de forma segura. En esta fase se realiza la instalación de la plataforma Oscommerce Online Merchant V.2.3.4. Cabe señalar que para que una instalación de Oscommerce sea de forma segura se tienen que renombrar algunos módulos creados en la instalación, esto con la finalidad de prevenir huecos en la seguridad de la página.

Fase 4: Carga de inventario. En esta fase se refiere a la carga de productos en la tienda virtual, descripciones, precios y categorías. Es importante analizar los tipos de categorías a crear ya que de ello depende la facilidad con la que un cliente pueda encontrar los productos que necesita.

Fase 5: Programación de módulos banners y configuración de la tienda virtual. Esta es la parte más laboriosa ya que se requiere programar en lenguaje PHP y HTML de la vista y banners de la tienda virtual.

Fase 6: Configuración de cuentas de correo y de cobro. En esta fase se configuran los correos mediante los cuales se estarán recibiendo los pedidos y se estarán haciendo contacto con los clientes y se configurara una cuenta de PayPal para recibir de forma segura los pagos de los artículos a través de tarjeta de crédito.

Fase 7: Fase de pruebas y correcciones. En esta fase se realizan la evaluación del sistema de compras en múltiples escenarios y la corrección de errores en los mismos.

Capítulo 4.- Propuesta

4.1 Plan de Trabajo

La presente propuesta se realizaría en un lapso de 2 semanas repartidas de la siguiente manera:

Actividades	Días
Fase 1: Recopilación de información.	L M M J V S D L M M J V S D L M M J V S D L M M J V S D L M M J V S D
Fase 2: Renta de host y dominio.	
Fase 3: Instalación de Oscommerce de forma segura.	
Fase 4: Carga de inventario.	
Fase 5: Programación de módulos banners y configuración de la tienda virtual.	
Fase 6: Configuración de cuentas de correo y de cobro.	
Fase 7: Fase de pruebas y correcciones.	

4.2 Recursos con los que se Dispone

La empresa actualmente dispone de lo siguiente:

- 2 equipos de cómputo portátiles marca Dell

- Windows 7
- Procesador Intel I5
- Memoria RAM 8gb
- Disco duro de 1 Tb

-2 Multifuncionales

-Infraestructura de internet de alta velocidad a 10 Mb/s

4.3 Costo de la propuesta

El costo de la propuesta se resume en el siguiente cuadro

Motivo	Costo
Salario del programador	$15000/mes
Renta de hosting	$560/ año
Renta de dominio	$120/año
Inversión Total =	$15680

La renta de hosting y dominio son tomados de la página de servicios popular.
(godaddy)

4.4 Beneficios y/o Utilidad de la Propuesta

La propuesta pretender dar solución a las necesidades encontradas en la entrevista, como lo son:

- Incorporar un medio por el cual se den a conocer los productos de la empresa.
- Dar a conocer información relativa a la empresa a los prospectos de cliente.
- Mostrar las promociones a través de un medio al que se pueda acceder a cualquier hora del día desde cualquier parte del país.
- Llevar un control de ventas e inventario

4.4.1 Beneficios de Oscommerce

Además podemos señalar los beneficios que trae la utilización de Oscommerce como la plataforma para nuestra propuesta según lo descrito por el artículo de ferka network como se muestra a continuación. (Ferka Network)

Funcionalidades para el Cliente

- Cuentas de clientes
- Libro de direcciones de clientes (otras direcciones de envíos)
- Histórico de pedidos
- Búsquedas en catálogo por productos o fabricantes
- Soporte de comentarios de productos por los clientes
- Notificaciones por correo electrónico
- Soporte de SSL
- Número de productos que se muestra por cada categoría
- Lista de los más vendidos
- Ver que otros clientes han comprado un producto

Funcionalidades para el Administrador

- Nuevo diseño más fácil de utilizar
- Añadir/Editar/Eliminar categorías, productos, fabricantes, clientes y comentarios.
- Estructura Categorías-a-categorías
- Estadísticas de productos y clientes
- Definir atributos dinámicamente a productos
- Control de zonas de impuestos, clases y ratios.
- Configuración de parámetros en base de datos para edición remota

- El sistema de administración puede ser instalado en otro servidor separado del catálogo.

- Módulos de pagos y envíos.

- Conexión con sistema online para comprobar equivalencias de tipos de cambio entre monedas.

- Utilidad de copia de seguridad

Funcionalidades Generales

- Compatible PHP3/PHP4

- Totalmente modular

- Disponible en Español, Inglés, Alemán, entre otros idiomas.

Referencias

3, C. C. (2012). *Mihály Flandorffer Peniche*. Peniche.

adigital, A. E. (2011). *Libro blanco del comercio electronico*. adigital.

Álvarez, M. A. (2001). *http://www.desarrolloweb.com/*. Recuperado el 4 de 07 de 2014, de http://www.desarrolloweb.com/:
http://www.desarrolloweb.com/articulos/436.php

Andrés, D. Á. (13 de Diciembre de 2013). NEGOCIOS EN INTERNET.CASO PRÁCTICO DE AMAZON. *NEGOCIOS EN INTERNET.CASO PRÁCTICO DE AMAZON* . Leon, Guanajuato.

Angoar, M. (2008). Curso Superior de Comercio Electrónico. *Creative Commons* , 90.

Balado, E. S. (2005). *La Nueva Era Del Comercio*. Ideaspropias Editorial S.L.

Balado, E. S. (2005). La Nueva Era Del Comercio/the New Era of Commerce: El Comercio Electronico, Las Tic's Al Servicio De La Gestion Empresarial. En E. S. Balado, *New Era of Commerce: El Comercio Electronico, Las Tic's Al Servicio De La Gestion Empresarial* (pág. 302). Ideaspropias Editorial S.L.

Bushry, M. (2005). *E-Commerce*. Firewall Media.

CECARM. (s.f.). *http://www.cecarm.com/*. Recuperado el 01 de 07 de 2014, de http://www.cecarm.com/:
http://www.cecarm.com/servlet/s.SI?METHOD=DETALLENOTICIA&sit=c,731,
m,2628&id=19553

Cobo, Á. (2005). PHP y MySQL: Tecnología para el desarrollo de aplicaciones web. En Á. Cobo, *PHP y MySQL: Tecnología para el desarrollo de aplicaciones web* (pág. 528). Ediciones Díaz de Santos.

Confederacion de empresarios de Andalucia. (2012). *http://www.cea.es/*. Recuperado el 07 de 2014, de http://www.cea.es/: http://www.cea.es/upload/ebusiness/modelos.pdf

Cuerda, X. M. (2004). Introducción a los Sistemas de Gestión de Contenidos (CMS) de código abierto. *Mosaic*.

Ferka Network. (s.f.). *http://oscommerce.ferca.com/*. Recuperado el 2014, de http://oscommerce.ferca.com/: http://oscommerce.ferca.com/caracteristicas.html

Fossati, M. (2014). *Todo sobre MySQL: Libro ideal para ingresar en el mundo de la base de datos MySQL.* Ediciones ENI.

Francisco José Martínez López, P. L. (2007). *Marketing en la sociedad del conocimiento: claves para la empresa.* Delta Publicaciones.

García, J. C. (2003). La gestión moderna del comercio minorista. En J. C. García, *La gestión moderna del comercio minorista* (pág. 334). ESIC Editorial.

Gariboldi, G. (2000). *Comercio electrónico: conceptos y reflexiones básicas.* BID-INTAL.

godaddy. (s.f.). *Godaddy.com.* Obtenido de Godaddy.com: http://mx.godaddy.com/

Gómez, E. I. (2004). *Conocimientos y aplicaciones tecnológicas para la dirección comercial.* ESIC Editorial.

Heurtel, O. (2009). PHP y MySQL: Domine el desarrollo de un sitio web dinámico e interactivo. En O. Heurtel, *PHP y MySQL: Domine el desarrollo de un sitio web dinámico e interactivo* (pág. 624). Ediciones ENI.

Howell, D. (2002). *Aprenda a ganar dinero con el comercio electrónico en una semana.* Gestión 2000.

INEGI, I. N. (2004). *Censos Economicos.*

Jaro, H. d. (2009). *La Pyme y el comercio electronico.* Barcelona: System BCN S.L.

Jowers, T. (2006). *The Business Guide to Free Information Technology Including Free/Libre Open Source Software.* Lulu.com.

Juárez, R. (2013). *amipci.org.mx/.* Recuperado el Mayo de 2014, de http://www.amipci.org.mx/

Kenneth C. Laudon, J. P. (2004). Sistemas de información gerencial: administración de la empresa digita. En J. P. Kenneth C. Laudon, *Sistemas de información gerencial: administración de la empresa digita* (pág. 564). Pearson Educación.

Maya, S. R. (2006). *Comportamientos de compra del consumidor: 29 casos reales.* ESIC Editorial.

Mercado Libre. (s.f.). *www.mercadolibre.com.mx.* Recuperado el 04 de Julio de 2014, de www.mercadolibre.com.mx: http://home.mercadolibre.com.mx/telefonos/

Mercer, D. (2006). *Building Online Stores with OsCommerce.* Packt Publishing Ltd.

Moreno, T. M. (2010). *http://www.cnnexpansion.com/.* Obtenido de http://www.cnnexpansion.com/: http://www.cnnexpansion.com/emprendedores/2010/02/23/sin-tecnologia-las-empresas-no-venden

Nigel King, C. H. (2010). *Interviews in Qualitative Research*. SAGE.

Notimex. (2014). *http://www.dineroenimagen.com/*. Obtenido de http://www.dineroenimagen.com/2014-06-29/39561

OCDE, O. p. (1999). *www.ocde.org*. Recuperado el 3 de julio del 2014, de www.ocde.org

OCDE, O. p. (2013). *oecd.org*. Recuperado el 3 de julio del 2014, de oecd.org: http://www.oecd.org/

Online, O. W. (2007). *Vadym Gurevych*. Packt Publishing Ltd.

Pagés, J. M. (2005). *Creación del comercio electrónico para la empresa Donegear.com*. Cataluña, España.

Paul G. Keat, P. K. (2004). Economía de empresa. En P. K. Paul G. Keat, *Economía de empresa* (pág. 784). Pearson Educación.

Philip Kotler, G. A. (2003). Fundamentos de marketing. En G. A. Philip Kotler, *Fundamentos de marketing* (pág. 599). Pearson Educación.

php.net. (s.f.). *www.php.net*. Recuperado el 03 de 07 de 2014, de http://www.php.net/manual/es/intro-whatis.php

Priceline.com. (s.f.). *Priceline.com*. Recuperado el 03 de 07 de 2014, de Priceline.com: http://www.priceline.com/

Profeco, P. F. (2014). *www.profeco.gob.mx*. Recuperado el 03 de 07 de 2014, de http://www.profeco.gob.mx/internacionales/com_elec.asp

Pumar, D. A. (2009). ECM/CMS: Content Managements. En D. A. Pumar, *ECM/CMS: Content Managements* (pág. 45). Alcalá de Henares.

Richard M. Grinnell, M. W. (2009). Research Methods for Bsw Students. En M. W. Richard M. Grinnell, *Research Methods for Bsw Students* (pág. 400). Pair Bond Publications.

Risueño, P. (2013). *4webs.es*. Recuperado el Junio de 2014, de 4webs.es: www.4webs.es

Sampieri, R. H. (2005). Metodología de la Investigacion. En R. H. Sampieri, *Metodologia de la Investigacion* (pág. 850). MacGraw-Hill/Interamericana.

Spona, H. (2010). *Programación de bases de datos con MYSQL y PHP*. Marcombo.

Torrecilla, J. M. (s.f.). *Metodología de Investigación Avanzada*. Recuperado el 06 de 2014, de http://www.uca.edu.sv/:
http://www.uca.edu.sv/mcp/media/archivo/f53e86_entrevistapdfcopy.pdf

Valles, M. S. (2002). *Entrevistas cualitativas*. CIS.

Vallina, M. M. (2014). Marketing digital: Comercio y marketing. En M. M. Vallina, *Marketing digital: Comercio y marketing* (pág. 189). Ediciones Paraninfo, S.A.

Yvonne A. Unrau, P. A. (2007). *Evaluation in Social Work: The Art and Science of Practice*. Oxford University Press.

Anexo

Cuestionario base para entrevista semiestructurada:

Sobre el negocio

¿A qué sector pertenece?

¿Qué productos y/o servicios ofrece?

¿Qué los diferencia de la competencia?

¿Cuál es su competencia?

Objetivos de su presencia en internet

¿Cuáles son los objetivos de su presencia en internet?

¿Qué mediría el éxito de su presencia en internet?

¿Qué le gustaría que un usuario vea, cuando entre a su tienda en línea?

En relación al proyecto

¿Cuál es su presupuesto?

¿Requiere una fecha de entrega específica?

¿Hay alguna funcionalidad adicional que quiera incorporar a la web?

Diseño

¿Le ha gustado alguna tienda en línea de la web para tomar de referencia?

¿Qué es lo que requiere transmitir a su cliente cuando entre a su tienda en línea?

¿Qué tipos de colores requiere incorporar a su página web?

¿La tienda en línea requiere algún tipo de funcionalidad especial, como el pago con tarjeta?